spot

CLIMA EXTREMO

LOS HURACANES

por Anastasia Suen

AMICUS | AMICUS INK

marejada

tablones

Busca estas palabras e imágenes mientras lees.

ojo

árboles

Mira esa tormenta giratoria.

¡Es un huracán!

Los huracanes comienzan sobre el océano. El agua es tibia. El aire cálido se eleva. Se forman nubes y giran.

¿Ves los tablones?
Cubren las ventanas.
El vidrio no se romperá.

tablones

ojo

¿Ves el ojo?
Es el centro de la tormenta.
Allí no hay viento ni lluvia.

árboles

¿Ves los árboles? El viento es muy fuerte. Los árboles y los edificios pueden quebrarse.

marejada

¿Ves la marejada? El viento empuja
el agua hacia la tierra.
El agua inunda el pueblo.

La tormenta se va.
La gente limpia.

marejada

tablones

¿Lo encontraste?

ojo

árboles

Spot es una publicación de Amicus y Amicus Ink
P.O. Box 1329, Mankato, MN 56002
www.amicuspublishing.us

Library of Congress Cataloging-in-Publication Data
Names: Suen, Anastasia, author.
Title: Los huracanes / Anastasia Suen.
Other titles: Hurricanes. Spanish
Description: Mankato : Amicus, [2021] | Series: Spot clima extremo | Audience: Ages 4-7 | Audience: Grades K-1
Identifiers: LCCN 2019050221 (print) | LCCN 2019050222 (ebook) | ISBN 9781645491972 (library binding) | ISBN 9781681527260 (paperback) | ISBN 9781645492238 (pdf)
Subjects: LCSH: Hurricanes—Juvenile literature.
Classification: LCC QC944.2 .S8418 2021 (print) | LCC QC944.2 (ebook) | DDC 551.55/2–dc23
LC record available at https://lccn.loc.gov/2019050221
LC ebook record available at https://lccn.loc.gov/2019050222

Impreso en los Estados Unidos de America

HC 10 9 8 7 6 5 4 3 2 1
PB 10 9 8 7 6 5 4 3 2 1

Alissa Thielges, editora
Deb Miner, diseñadora de la serie
Ciara Beitlich, diseñadora de libro
Aubrey Harper, investigación fotográfica

Créditos de las imágenes: Shutterstock/MISHELLA cover, 16; iStock/johnnorth 1; Alamy/Aflo Co., Ltd. 3; iStock/Maryna Patzen 4–5; Getty/CHUYN 6–7; NASA/Alexander Gerst 8–9; Getty/Bobbushphoto 10–11; iStock/Fouque 12-13; Alamy/Richard Green 14–15